EDITH STEIN
UMA VIDA POR AMOR

Vittoria Fabretti

EDITH STEIN
UMA VIDA POR AMOR

Dados Internacionais de Catalogação na Publicação (CIP)
(Câmara Brasileira do Livro, SP, Brasil)

Fabretti, Vittoria
  Edith Stein : uma vida por amor / Vittoria Fabretti [tradução Antonio E. Feltrin]. – 5. ed. – São Paulo : Paulinas, 2012. – (Coleção testemunhas. Série santos)

  Título original: Edith Stein.
  ISBN 978-85-356-3412-9

  1. Carmelitas (Freiras)   2. Stein, Edith, 1891-1942   I. Título. II. Série.

  12-14992   CDD-922.2

Índice para catálogo sistemático:
1. Freiras católicas : Biografia   922.2

Título original da obra: *Edith Stein (Parte da obra Vivo per amore)*
© Figlie di San Paolo - Via F. Albani, 21 - 20149 Milano

5ª edição – 2012
4ª reimpressão – 2023

Direção geral: *Flávia Reginatto*
Editora responsável: *Andréia Schweitzer*
Tradução: *Antonio Efro Feltrin*
Copidesque: *Maria Teresa Voltarelli*
Coordenação de revisão: *Marina Mendonça*
Revisão: *Marina Siqueira*
Simone Rezende
Direção de arte: *Irma Cipriani*
Assistente de arte: *Sandra Braga*
Gerente de produção: *Felício Calegaro Neto*
Imagem de capa: *Carmelo de Colônia*
Capa e editoração eletrônica: *Wilson Teodoro Garcia*

Nenhuma parte desta obra poderá ser reproduzida ou transmitida por qualquer forma e/ou quaisquer meios (eletrônico ou mecânico, incluindo fotocópia e gravação) ou arquivada em qualquer sistema ou banco de dados sem permissão escrita da Editora. Direitos reservados.

Cadastre-se e receba nossas informações
www.paulinas.com.br
Telemarketing e SAC: 0800-7010081

Paulinas
Rua Dona Inácia Uchoa, 62
04110-020 – São Paulo – SP (Brasil)
✆ (11) 2125-3500
✉ editora@paulinas.com.br
© Pia Sociedade Filhas de São Paulo – São Paulo, 1996

Nova imagem de mulher

No grande público que tinha vindo para ouvir a doutora Edith Stein, filósofa e conferencista já muito apreciada, espalhou-se, por um momento, entre os que ainda não a conheciam, certa perplexidade.

"A mulher deve estar ao lado do homem, não no lugar dele, mas também não num degrau abaixo."

Não se havia extinguido, de todo, o eco dos movimentos feministas que, no começo do século XX, tinha feito muito alarde.

A oradora não parecia nem um pouco revolucionária. Era uma mulher de estatura baixa, não muito bonita, mas de rosto de traços regulares, de um colorido delicado, iluminado pelo esplendor de grandes olhos negros, cabelos espessos e escuros divididos ao meio e juntados num coque atrás da cabeça, veste nobre, mas simples, até modesta. Falava num tom de voz calmo, pacato, persuasivo, sem gestos nem ênfase. Parecia tão jovem que o organizador do evento sentiu-se no dever de, antes da conferência, prevenir o auditório para que não se admirasse com a juventude da oradora porque, na realidade, tinha muito mais do que os 20 anos que aparentava ter.

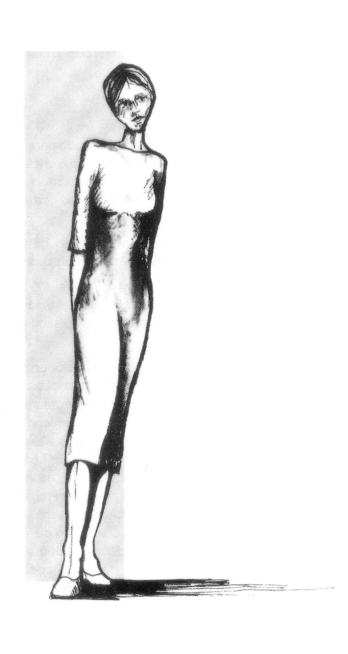

"Nem sequer um degrau abaixo do homem!"

Era preciso ter coragem para sustentar não somente isto, mas também que "todas as profissões classificadas como masculinas podem ser desempenhadas pela mulher" e que "o seu acesso aos mais variados cargos diretivos, profissionais ou técnicos seria uma bênção para toda a vida, tanto social como pública".

Na Alemanha dos anos 1930, quando as ideias nacional-socialistas se espalhavam como uma mancha de óleo, só se reconhecia um papel para a mulher: o de mãe. Uma vez que o próprio Hitler tinha escrito e reafirmado que "cada filho que ela põe no mundo é uma batalha pela sobrevivência de seu povo", disto brotava como consequência que a mulher que renunciasse a tornar-se esposa e mãe, devia ser considerada como marginal, ou pior, como "desertora".

Edith Stein foi, porém, a primeira a se admirar de ter sido chamada para expor os problemas da mulher moderna, uma vez que ela não era nem esposa nem mãe. Além disso, em 1922, aproximadamente dez anos antes, tinha escolhido, muito embora permanecendo leiga, uma vida claustral em Espira, hóspede das Irmãs Dominicanas que dirigiam o Instituto Santa Madalena, onde ela ensinava língua e literatura alemã às alunas do segundo grau.

Os primeiros anos foram tranquilos: dividia seu tempo livre dos deveres escolares entre a oração, as obras de caridade e o estudo da filosofia de Santo Tomás. Mais tarde, seria o próprio Santo Tomás a fazê-la compreender que "quanto mais alguém é atraído por Deus, tanto mais deve sair de si", o que queria dizer "voltar ao mundo para levar-lhe a vida divina". E, como ela mesma havia declarado, "foi obrigada a colocar seus talentos a serviço da verdade, portanto, de Deus, porque realmente, ele é a *Verdade*".

Assim, decidira-se a ouvir os convites que lhe vinham de todas as partes, e retomara seus estudos e suas publicações.

De resto, se ao retirar-se para Espira ela esquecera o mundo dos filósofos, no qual tinha vivido até aquele fatídico 1922, os filósofos não a tinham esquecido.

Nem podia esquivar-se de seu valor como educadora. Tornaram-se sempre mais frequentes os convites para oferecer conferências sobre Filosofia, Pedagogia, Religião, bem como conferências especialmente sobre o tema "mulher", sua educação, sua importância na vida dos povos.

Afinal de contas, como se podia acreditar estar afastada do mundo, justamente ela que pusera toda sua inteligência, seu saber e seu coração a serviço da educação de tantas jovens... e não apenas à vida no claustro. Sim, também para a vida no claustro, porque em Santa Madalena fora-lhe confiada, entre outras, a tarefa de preparar as jovens noviças e as professas. E quantas moças que se tornariam professoras, profissionais, mães de família, foram confiadas à sua direção!

Manifestou sempre para com elas uma predileção especial. Escreveu a uma religiosa: "A coisa mais importante é que uma professora esteja repleta do espírito de Cristo, antes, que ela o encarne em sua própria pessoa. É preciso, porém, que ao mesmo tempo não esqueça a realidade da vida que espera as jovens quando deixam o colégio. De outra forma, existe o perigo de elas dizerem que as Irmãs não souberam prepará-las para os problemas que devem enfrentar, e se apressem a deixar de lado, como um peso inútil, tudo aquilo que aprenderam no colégio... É preciso manter-se sempre atualizada. A geração jovem de hoje passou por muitas crises e não é mais capaz de nos compreender. Nós, porém, devemos procurar compreendê-la e fazer o possível para ajudá-la".

Eis porque se tinha interessado particularmente pelos problemas da mulher moderna, em vista de sua missão no mundo. Falou e escreveu sobre estes assuntos, com rara profundidade e competência. A mulher que a doutora Stein propunha como modelo a ser seguido era sempre Maria, "humilde, discreta, silenciosa, esquecida de si, transparente, afetuosa, atenta a escutar, no silêncio, a voz do Senhor e pronta para seguir sua vontade, em espírito de obediência".

Uma mulher sempre disponível em casa, na vida pública, no escritório, na fábrica, ou no claustro, para "ajudar, aconselhar, proteger, fazer crescer". Tudo isto, porém, sem renunciar nunca (e neste princípio ela era muito firme) aos seus direitos; sem constranger a natureza no esforço de "comportar-se como um homem". Muito pelo contrário, esforçando-se por valorizar todas aquelas faculdades próprias da natureza feminina, sem jamais sufocar a própria individualidade, mas, ao contrário, reafirmando-a.

Desta forma, multiplicaram-se seus escritos como também os convites para fazer conferências, participar de congressos, falar na rádio, até março de 1931, quando "a atividade de oradora" havia diminuído, sem que ela se desse conta disso. Chegara, então, o momento em que, com grande consternação das Irmãs e das alunas, Edith Stein deveria dar um comovente adeus ao Santa Madalena.

Tinha escrito a uma amiga que não poderia dedicar à Filosofia somente retalhos de tempo, subtraídos aos deveres do magistério; era preciso dedicar-se a ela totalmente! À espera de uma cadeira na universidade (porque a isto a aconselhavam, tanto seus superiores quanto seu diretor espiritual, enquanto ela, indiferente ao sucesso, depois de ter-se colocado nas mãos de Deus, deixava-o decidir) durante quase um ano foi alternando a redação de textos filosóficos e pedagógicos com o recolhimento e a oração em institutos religiosos onde sempre fora uma hóspede muito agradável, mas aceitando também convites para fazer conferências na Renânia, na Westfália, em Zurique e em outros lugares. Em muitas conferências, tendo sempre presente a posição de Maria com relação à Igreja, costumava também pôr em foco, com firmeza, mas também com prudência, a necessidade de empenhar mais diretamente a mulher numa missão eclesial.

E nisto tinha-se antecipado trinta anos aos princípios do Concilio Vaticano II.

Por fim, aceitou a livre-docência no Instituto Superior Alemão de Pedagogia Científica de Münster.

Uma mulher "presente"

Depois da última conferência em Münster, ei-la novamente em seu aposento, no Colégio Marianum, instituto religioso feminino onde se hospedara desta vez.

Havia, como sempre, muita correspondência a ser respondida: cartas de familiares, de religiosas e de ex-alunas, que pediam sua ajuda espiritual, seu conselho, sua oração; cartas de amigos espalhados por toda parte (e eram tantos!); cartas de estudiosos que lhe expunham suas teorias e pediam um intercâmbio de ideias... Havia, igualmente, provas tipográficas para corrigir; revistas de alto nível científico que esperavam sua colaboração, e sua monumental obra filosófica, *Poder e ato* para finalizar...

De qualquer forma, o trabalho que tinha pela frente não a deixava preocupada. Ela sabia que não era nada mais que "um instrumento nas mãos de Deus". Por isso, confiando-se a ele, que "entende de economia" e que "limita ou aumenta as possibilidades humanas de acordo com o que se tem a fazer, muito ou nada", encontrou a maneira de desincumbir-se, se não totalmente, pelo menos até o ponto ao qual ele a teria conduzido.

O que importava era conseguir esvaziar-se de si mesma e voltar-se para o "silêncio interno". Depois, lançar-se ao trabalho com confiança.

Não era este o conselho que ela sempre dera às mulheres? Jamais deixar-se levar pela ansiedade, pelos muitos afazeres de casa, da escola, do escritório, da fábrica; jamais deixar-se dominar pela perturbação diante das dificuldades, dos contratempos, das incompreensões dos familiares, dos colegas, dos superiores. Jamais desanimar...

A imagem de sua adorada mãe, a senhora Augusta Courant, então com mais de 80 anos e, no entanto sempre tão lúcida e enérgica que conseguia dirigir sua família e comércio, de repente apresentou-se nítida na mente de Edith, e ela sentiu uma grande ternura.

Viu-a como se estivesse na grande casa da Rua De Michaelis, em Breslávia. Ela era ainda criança, e a mãe, viúva com sete filhos (tinha perdido outros quatro, quando mais jovem) teve a coragem de assumir a administração da madeireira. Assim, superando com habilidade e tenacidade as não leves dificuldades econômicas, conseguira garantir aos filhos uma vida tranquila. Trabalhava o dia todo. Não obstante, conseguia desempenhar, de maneira louvável, seu papel de educadora e de responsável pela casa.

Uma mulher de extrema retidão, profundamente apegada à fé e à tradição dos seus pais, capaz de enfrentar qualquer prova, tão perspicaz nos afazeres, que lhe bastava dar uma olhadela num bosque para calcular-lhe seu preço. Mas, ao mesmo tempo, era capaz de grandes atos de bondade, como o de comprar lotes inteiros de madeira para distribuí-la aos pobres, ou então, de restituir o dinheiro a quem tinha comprado dela, com muito sacrifício, madeira para aquecer-se.

De que não é capaz uma mulher?

Talvez se inspirando exatamente na figura materna, nos tempos do ginásio e do colégio, Edith começara a fazer parte, com grande entusiasmo, dos grupos feministas mais ousados. Mais tarde, seu entusiasmo foi-se acalmando. Sua batalha, então, começou a ser provocada somente por um espírito de obediência e de serviço. No entanto, o ideal da valorização da mulher tinha permanecido sempre vivo em sua mente.

Afinal de contas, podia bem fazê-lo, porque ela mesma, desde os anos juvenis, tinha dado prova de como se podem e se devem valorizar as próprias capacidades e os próprios interesses intelectuais. De fato, apesar do parecer desfavorável da mãe, e das propostas tentadoras do tio que estaria disposto a abrir para ela e para sua irmã uma clínica, caso se inscrevessem na faculdade de Medicina, Edith se matriculara no curso de Filosofia, sustentando que toda mulher tem o direito de escolher sua profissão, de acordo com as próprias inclinações.

Contudo, não poucas vezes encontrara-se sozinha!

Quando se lembrava deste particular, sentia vontade de rir.

Ela era a única mulher a frequentar a universidade de Breslávia. Seu professor, dirigindo-se aos estudantes, observava: "Quando digo 'meus senhores', quero, naturalmente, dirigir-me também àquela senhorita ali". E apontava o dedo justamente à jovem aluna.

Depois de se ter doutorado, em vão procurara vaga na área de ensino... Uma mulher numa cátedra? Onde já se viu coisa semelhante?

Todavia, não foi preciso ir muito longe. No último congresso de Juvisy, organizado, na França, pela Societé Thomyste sobre a Fenomenologia, dentre todos os nomes ilustres da Filosofia católica da França e da Bélgica, Edith fora a única mulher a ser convidada! "A mulher não deve estar ausente" – pensava ela. Pelo contrário, ela deve dar sua contribuição em todos os campos: não só na vida familiar, mas também na vida política, social, cultural, religiosa... A tarefa de educadora deve ajudá-la a desenvolver a própria personalidade, a pôr em destaque as possibilidades de cada uma...

Isto ela iria continuar a fazer compreender! Porém... até quando?

Não se lhe devia fazer tal pergunta. Apenas Deus sabia o que queria dela.

O mistério de Edith

No Marianum correu a notícia de que a jovem professora tinha voltado.

As moças foram se juntando...

Uma passava a notícia para a outra. Havia uma troca de comentários e de opiniões.

– Será que ela fará as refeições conosco?

– Que dúvida?! Ela sempre fez isso, desde o primeiro dia. Não se recordam? Nunca deixou que a servissem no quarto.

– Naturalmente – disse Helena que, com uma amiga, dormia no quarto em frente ao da senhorita –, veremos, como sempre, sua luz acesa até altas horas da noite. Depois, amanhã, as Irmãs nos dirão ter sido ela a primeira a entrar na capela.

– Mas como consegue desempenhar seus muitos afazeres, sem comer carne, dormindo pouquíssimo e passar, rezando, aqueles poucos instantes livres, ao invés de fazer descansar, passeando no jardim? Se fosse eu, teria morrido há muito tempo!

– É verdade. Ela nunca reclama de nada, nunca está cansada, vive sempre preocupada com os outros...

— Eu me lembro, muitas vezes, daquele dia dos morangos... À mesa falávamos de nossa casa, e eu confessava ter muita vontade de comer os morangos do jardim. Comprá-los, com o pouco dinheiro de que podíamos dispor... nem pensar! E então, depois do almoço, ouvimos bater discretamente à porta. Era ela. Entregou-me, sorrindo, uma bela caixa de morangos. A seguir, sem dizer nada, desapareceu. Lembra-se, Helena?

— Sim, comemos os morangos com gosto, e também com certa emoção.

— É verdade – confirmou uma outra. – Edith sempre pensa em todos, menos em si mesma. No mês passado, por exemplo, quando o sistema de aquecimento quebrou, nós, todas agasalhadas, tremíamos de frio. Ela, porém, permanecia sempre lá, firme, escrevendo tranquilamente. Perguntamos a ela se não sentia frio. Sempre com o seu costumeiro sorriso, respondeu: "Até que o meu cérebro não fique congelado, está tudo bem".

— Certamente é de estranhar que uma pessoa tão importante, tão famosa, não se apresente com ares de superioridade. Chegou até a dizer ao jardineiro João, que plantara no pátio um canteiro de flores: "Você conseguiu rapidamente fazer uma coisa tão bonita, enquanto nós costumamos fazer tão pouco com o nosso trabalho!".

Não era, porém, de estranhar que fosse tão humilde e modesta para quem ressaltava a sua devoção, e sua participação nas celebrações, na igreja.

— Só tinha de ser assim. De fato, quando lhe é possível, chega a participar de três missas por dia. E sempre de joelhos!

Uma das moças estranhou que ela não tivesse entrado definitivamente em algum convento. Houve, porém, quem fez notar que uma personalidade tão elevada não teria podido retirar-se do mundo.

— Talvez não lhe tenham permitido...

— Talvez...

A curiosidade sempre fora muito aguda sobre o "mistério" da Senhorita Stein. Todas as estudantes a amavam e a estimavam não somente por suas aulas tão belas e interessantes, como também porque a encontravam sempre disposta a escutar suas confidências, a ajudá-las a resolver os seus problemas e até a participar, com alegria, de suas recreações e festinhas.

— Sim, mas de algum tempo para cá, ela parece sempre tão triste... – observou uma das meninas.

— É verdade! – confirmou uma outra.

— Talvez a situação política a preocupe...

As estudantes do Marianum tinham razão. Era justamente a situação política a causa da tristeza que ofuscava o rosto da jovem professora que, até há pouco tempo, sempre se manifestara tão equilibrada e serena.

Assim que o nacional-socialismo, que se tinha apoderado do governo da Alemanha, deu as primeiras manifestações de seu poder, excluindo os não arianos dos empregos públicos, Edith Stein, dando sua última aula em 25 de fevereiro de 1933, pediu demissão do magistério... porque... ela era judia!

Filósofa e mística

Edith nasceu em Breslávia aos 12 de outubro de 1891. Frequentou o colégio e a faculdade de Filosofia em Breslávia, distinguindo-se pela extraordinária inteligência e pelo amor ao estudo. Distinguiu-se, também, pela simpatia que conseguiu despertar ao redor de si, graças ao seu caráter equilibrado e sereno e à sua disponibilidade para com os outros.

Não encontrando, no Positivismo e na Psicologia, uma resposta à sua grande sede de conhecimento sobre os problemas fundamentais do ser humanos e sobre o destino da humanidade, voltou-se para a Filosofia de Edmund Husserl, o grande mestre e futuro prêmio Nobel da Fenomenologia que, opondo-se ao idealismo kantiano, orienta seu interesse para o objeto.

A fim de aprofundar sua pesquisa, estudou, com "heroica tenacidade", a complexa obra do mestre – *Investigações lógicas*. Quando Edith se apresentou a ele, com toda a sua bagagem científica, Husserl compreendeu que tinha diante de si uma aluna excepcional.

Com a finalidade de segui-lo, Edith transferiu-se para a universidade de Göttingen, "uma cidade onde nada se fazia a não ser filosofar, dia e

noite, e onde, durante as refeições, nas ruas, e em todos os lugares, sempre se falava em fenômenos". Lá, a jovem estudiosa entrou em contato com os mais ilustres expoentes da Filosofia contemporânea. Com isso, ampliou consideravelmente o círculo de suas amizades, que haveriam de durar toda a vida.

Durante a Grande Guerra, prestou sua ajuda como voluntária da Cruz Vermelha, ganhando uma medalha pelo mérito. Completado o doutoramento, foi chamada por Husserl para ser sua assistente, na Universidade de Freiburg. A seguir, tendo tentado inutilmente conseguir uma cadeira na universidade em virtude de outros preconceitos da época relativos à mulher, em 1922 aceitou a cadeira de professora no colégio de Spira, e em 1932, entrou como livre-docente no Instituto Superior de Pedagogia Científica, de Münster.

Seus numerosos artigos, publicados em revistas de alto nível, a tradução das cartas e do diário do Cardeal Newmann e os seus ensaios sobre educação, formação e missão da mulher ampliaram sempre mais sua fama. Por isso, de toda parte recebia convites para organizar ciclos de conferências de caráter científico, pedagógico e religioso.

Sua reflexão, que no estudo e na pesquisa da essência do "eu" começava pela Fenomenologia, atingia pesquisas no campo psicológico, antropológico, social, pedagógico, ético, jurídico e político, superando seu mestre. Lançava-se, então, à pesquisa do Ser Eterno e voltava-se para a Escolástica.

Traduziu o *De Veritate*, de Santo Tomás de Aquino e, num ensaio intitulado *A fenomenologia de Husserl e a filosofia de Santo Tomás de Aquino*, que dedicou ao seu mestre por ocasião de seu septuagésimo aniversário, inseriu os valores perenes do Doutor da Igreja no pensamento husserliano, demonstrando assim, ser possível conciliar a Tomística com a Filosofia moderna.

Em 1933, realizou sua ardente aspiração à vida contemplativa, ao ser acolhida na comunidade do Carmelo de Colônia, onde se tornou Irmã Teresa Benedita da Cruz.

Dada a importância que seu trabalho assumira no ambiente científico e católico, foi-lhe permitido, excepcionalmente, levar consigo seus livros. Assim, seu ingresso no Carmelo foi precedido da expedição de seis pesadas caixas, contendo volumes de Filosofia e Teologia. Seus superiores exortaram-na a continuar a monumental obra filosófica sobre ato e potência, na qual ela demonstra que Deus, ser infinito e criador, está intimamente presente em suas criaturas. A obra se tornou uma publicação póstuma com o título *Ser finito, ser eterno*. Depois disso, além da redação de artigos em boletins comunitários, de um tratado sobre vias do conhecimento de Deus e de monografias de Santa Teresa d'Ávila, de Santa

Isabel da Hungria e de outras santas, dedicou-se à tradução e ao comentário do *Scientia Crucis*, de São João da Cruz.

A obra ficou incompleta, como também a *História de uma família hebraica*, porque, no dia 2 de agosto de 1942, foi presa pela polícia alemã e levada para o campo de extermínio de Auschwitz, onde morreu na câmara de gás.

Em 1962, iniciou-se o processo de sua beatificação e canonização.

Filha de Israel

O Dia do Perdão, o *Kippur*, é, para os judeus, a solenidade mais importante do calendário hebreu.

É o dia em que, pela primeira vez durante o ano, o sacerdote entra no *Sancta Sanctorum* do templo e, depois de ter soltado, no deserto, o bode expiatório sobre o qual foram depositados os pecados do povo, oferece o sacrifício de expiação por si e por todos.

Em sua casa de Edimburgo, Elza, irmã mais velha de Edith, tendo nas mãos a última carta chegada de Münster, entretinha-se nas lembranças.

Lembrava precisamente aquele *Kippur* de 1891, dia em que, por uma feliz coincidência, tinha nascido Edith. Por sua vez, o pai, ao lhe comunicar a alegre notícia, confiara-lhe a pequena Erna, a irmãzinha de um ano e meio, que chorava desesperadamente por não poder ficar com a mãe.

Quantos acontecimentos seguiram-se àquele dia! A morte do pai, ocorrida apenas dois anos depois, por uma insolação durante o trabalho, e a corajosa opção de sua mãe. Elza, por ser a mais velha, tinha assumido o cuidado da casa, dos irmãos e das irmãs, especialmente das duas caçulas, que muito cedo se tornaram inseparáveis; os dias difíceis dos apuros econômicos, e depois..., a lenta, mas sempre mais segura, ascensão para o conforto..., a escolha das carreiras, os casamentos, os filhos...

Querida velha casa, na Rua De Michaelis, em Breslávia! Pareceu-lhe vê-la, naquele sólido edifício de pedra tão semelhante a um templo no interior, com as grandes gravuras na entrada, lembrando cenas da vida de Israel, os monumentais armários e os baús com trabalhos entalhados de motivos bíblicos, os sóbrios quartos aquecidos pelo amor que unia a mãe aos filhos, os filhos à mãe e os irmãos entre si... Anos difíceis, mas tão bonitos! Então, em casa, junto da mãe, tinham ficado Erna com o marido e dois filhos, Frida com a filha Érica e a querida, a doce Rosa, a única das irmãs que não se tinha casado, ao passo que os outros tinham tomado o seu caminho. Como esquecer aqueles anos?

Elza, morando com o marido, o Doutor Gordon, e os filhos em Hamburgo, nunca conseguira superar a saudade.

A mãe em Breslávia, que certamente vivia na lembrança de todos eles e com aquele sofrimento de Edith no coração... Era a sua predileta. Talvez porque mais se lhe assemelhava por seu caráter independente e forte... Ou talvez por causa daqueles "sinais de um grande destino" que a mãe prognosticara no dia de seu nascimento... Afinal de contas, como caçula, Edith não tinha sido sempre a predileta de toda a família?

E, no entanto, quanto trabalho tinha dado a todos e, em particular, à mãe que, pode-se dizer, a tinha criado! Afetuosa, sim, muito afetuosa, mas exuberante, viva, pronta para revoltar-se com explosões de ira se não conseguia ser a melhor ou se alguma coisa não lhe saía como desejava!

Um dia, por castigo, tinha-a fechado num quartinho, mas teve que soltá-la logo depois, porque, batendo com os punhos na porta, incomodava os vizinhos. Como sempre, tinha conseguido o que queria!

Isto porque (Rosa estava convencida disto, como o estavam todos), desde pequena, Edith dera sinais de uma extraordinária personalidade e de uma excepcional inteligência. Com 4 anos, chorava e gritava, porque queria ir à escola com Erna. Quando, finalmente, foi matriculada na 1ª série, bastaram-lhe poucos meses para ser logo promovida para a 2ª série. Desde então, fora sempre a melhor aluna da classe, durante todo o tempo de estudante.

Memória formidável e vontade de ferro! Parecia vê-la, ainda pequena, nos braços do irmão Paulo, vinte anos mais velho que ela, enquanto lhe mostrava um grande livro ilustrado de história da literatura e lhe ensinava os nomes dos grandes poetas, suas obras, as datas principais... E ela a se lembrar de cada particular! Quando participava das conversas e dos jogos dos irmãos já adultos, espantava a todos com suas intervenções!

Aos poucos, no entanto, Edith foi-se transformando. Deixara de lado seu arzinho petulante e também sua ambição. Quando? Talvez aos 7 anos ou pouco depois. De irrequieta e prepotente transformara-se numa menina silenciosa, sonhadora, fechada no seu "mundo escondido".

A vontade, porém, de vencer, nela tinha permanecido. Sua firmeza e coerência nas decisões tinham ficado intactas. Era de esperar, portanto, que chegasse a se distinguir sobremaneira no campo dos estudos e da ciência.

No entanto, ninguém nunca imaginou que tomaria "aquele caminho": o do Catolicismo! Uma escolha absurda, segundo eles, e até desprezível. Tanto mais que, observando os costumes populares dos católicos da Silésia, tanto ela como os irmãos, exceto Rosa, a qual se abstinha de julgar Edith, viam o Catolicismo como uma espécie de seita de supersticiosos. Não conseguiam imaginar a sua estimada Edith "dobrando os joelhos e beijando os sapatos do padre".

Depois, como seria possível alguém de sua família abandonar o culto e as piedosas tradições que a mãe tinha conservado vivas nos filhos com o seu constante exemplo? As orações do Talmude, recitadas pela família, em língua hebraica em todos os lugares, as cerimônias do *shabat*, quando todos eles, junto com a mãe, ao pôr do sol, iam à sinagoga. A seguir, de volta para casa, depois que a mãe tinha acendido as velas do sábado, vinham as orações, os cânticos, as leituras bíblicas...

E ela, a pequena Edith, que se julgava extremamente honrada por ter recebido a incumbência de ir buscar o *Hanna*, o livro de orações, e levá-lo à mãe, toda vez que se punham a rezar..., como poderia ter esquecido tudo isso?

Elza nunca deixaria de amar ternamente a irmã. Todavia, não conseguia compreendê-la.

Não, Edith não se tinha esquecido de nada! Tudo tinha permanecido em sua memória e em seu coração. E orgulhava-se, no fundo da alma, de se sentir "filha" daquele povo cuja piedade, fé e força moral ela tanto admirava. As grandes figuras da Bíblia, sobretudo as mulheres, Ester, Judite..., como também a figura de sua mãe que, segundo ela, era o "modelo de todas as virtudes", constituíam para ela uma fonte inexaurível de inspiração e meditação.

Isto, porém, não era tudo, como não tinham sido suficientes o Talmude e a Bíblia par fazê-la crer na existência de um Deus pessoal. Já o percebera desde os tempos de colégio.

Envolvida pelo ambiente não religioso das colegas de escola, não abandonou completamente os ritos praticados pela família para não causar dissabores à mãe. Tinha, porém, deixado que o Deus de Israel se afastasse sempre mais dela até o ponto de professar-se ateia. Seu ateísmo era reforçado

31

pelo ambiente secular da universidade. Não era contra Deus. Tinha somente se esquecido dele.

No entanto, sentia uma grande necessidade de conhecer a verdade. Desde o momento em que, como afirmaria mais tarde, "quem procura a verdade, mesmo sem tomar consciência disto, procura Deus, porque ele é exatamente a Verdade", em todos os anos de sua juventude, Edith não fez outra coisa senão procurar Deus. E sua procura era uma oração. Escreveu ainda: "Minha sede de verdade era uma oração contínua".

Em Breslávia, apesar da oposição da mãe, matriculara-se na faculdade de Filosofia. A mãe temia que a filha, enfrentando esse tipo de estudos, se enveredasse por uma concepção muito livre da vida, que acabaria por comprometer seu já escasso interesse pela religião dos pais. Mas depois, lisonjeada por todos os sucessos da filha, acabou por orgulhar-se dela. Como a mãe tinha vislumbrado, porém, não conseguiu a solução dos seus problemas. Também não a encontrou na Universidade de Göttingen, apesar das grandes conquistas no campo da Fenomenologia. Tampouco a encontrou em Freiburg, nos círculos filosóficos ou nos seminários de Psicologia. Ficou imersa na "noite escura" de quem perdeu a fé e, todavia, suspira por reencontrá-la. No entanto...

Conquistada por Cristo

Nos tempos da Universidade de Breslávia, seu ateísmo sofrerá um primeiro abalo. Isto se dera, quando, no curso de língua germânica, a jovem estudante foi obrigada a estudar o "Pai-Nosso" na língua gótica, deixando-a profundamente impressionada. A seguir, a imagem da cruz voltara. Tinha-a visto sobre uma colina, durante um de seus passeios.

Edith era assim. Amava profundamente a natureza. Desde a infância acostumara-se a dedicar todas as suas horas livres dos estudos a agradabilíssimos passeios com Erna ou com as amigas. Naturalmente, logo que chegou a Göttingen, pôs-se à descoberta da cidade e de seus arredores.

Pois bem, certo dia em que passeava com Rosa Gutmann, a estudante que, na pensão, dividia o quarto com ela, "apareceram-lhe no alto da colina, toda árida, três árvores balançadas pelo vento". Estas lhe "lembraram as três cruzes do Gólgota". Teve uma sensação estranha, uma necessidade de voltar mais vezes àquele lugar e de permanecer longamente em estática contemplação.

Além disso, sempre em Göttingen, tinha mantido muitos contatos importantes com intelectuais de origem judaica, mas convertidos ao

Protestantismo ou ao Catolicismo. Por isso, mesmo conservando intacta a solidariedade com seu povo, seu espírito abrira-se para acolher a nova mensagem. No começo, limitou-se ao estudo dessa mensagem como um "fenômeno" qualquer, desconhecido, que devia ser examinado.

Por outro lado, ela era, primeiramente, uma estudiosa, portanto uma exímia representante daquela corrente filosófica que, em contraste com o idealismo, achava ter "os olhos abertos" para qualquer manifestação da natureza do homem, com a finalidade de descobrir as leis do ser até o ponto em que a razão humana fosse obrigada a se deter. Edith, porém, era também uma perscrutadora atenta da alma, uma profunda psicóloga. Cada encontro era importante para ela, que não se limitava, nos círculos universitários ou filosóficos, a interessar-se pelas teorias que eram expostas, mas, sobretudo, pela vida de quem as expunha, a fim de descobrir nelas a coerência com a doutrina e encontrar aí motivo de credibilidade.

Em seu mestre, o grande Husserl, de fé protestante e por quem ela conservaria durante toda a vida uma profunda estima e um nobre afeto, mais que o pensamento admirava "a radical honestidade intelectual, a retidão moral, a extraordinária gentileza". De Max Scheler, o filósofo há pouco convertido ao Catolicismo e crente convicto, recebia o fascínio que emanava de suas conferências. De outro seu grande mestre e amigo, o Doutor Adolfo Reinach, protestante fervoroso, e de sua mulher Paulina admirava a extrema bondade. Uma bondade que, se para Edith parecia legítima nos contatos com os parentes e amigos, tornava-se inexplicável nos contatos com pessoas desconhecidas ou, ainda mais, com os adversários. Onde se enraizava uma tamanha disponibilidade para o amor?

Tais contatos contribuíram para abalar, posteriormente, seu ateísmo.

Foi Paulina Reinach, depois, quem ainda mais intensificou a crise na qual se debatia Edith.

Estava-se na época da Primeira Guerra Mundial. O Doutor Reinach tinha tombado no campo de batalha e a querida amiga Paulina tinha confiado a ela, então doutora e assistente de Husserl, a difícil tarefa de reordenar as obras ainda não publicadas do marido. Edith, acostumada às manifestações de grande dor de seu povo diante da morte, deve ter se esforçado para apresentar-se diante da jovem viúva que imaginava arrasada. Encontrara, no entanto, um rosto que, embora marcado pela dor, aparecia como que transfigurado por uma luz misteriosa. Edith escreveu mais tarde: "Foi aquele o meu primeiro encontro com a cruz, a minha primeira experiência da força divina que emana da cruz e se comunica àqueles que a abraçam. Pela primeira vez foi-me dado contemplar, em toda sua luminosa realidade, a Igreja nascida da Paixão salvífica de Cristo em sua vitória sobre o aguilhão da morte. Naquele momento, minha incredulidade desmoronou. Esvaiu-se o

Judaísmo e Cristo levantou-se, radiante, diante do meu olhar. Cristo no mistério salvífico de sua cruz". Edith acabava de encontrá-lo!

Encontrara-o na honestidade de Husserl, no fervor de Scheler, na bondade de Reinach, na resignação e na esperança de Paulina. Encontrara-o também em muitos e muitos outros, condiscípulos, mestres e amigos com quem dividia a paixão pela Filosofia, a alegria dos devaneios juvenis, a maravilha diante das belezas sempre novas que se

lhes oferecia durante as excursões a uma ou outra cidade nas montanhas, nos campos, nos bosques.

Encontrara-o também, entre gente humilde, desconhecida, com o olhar sempre atento diante de qualquer manifestação de ânimo.

Como naquele dia em Freiburg, por exemplo. Também disto falaria em suas memórias: "Entramos, por alguns minutos, Paulina e eu, na catedral, e enquanto estávamos paradas ali, em respeitoso silêncio, entrou uma senhora com uma sacola de mantimentos e ajoelhou-se para fazer uma breve

oração. Aquilo era para mim uma coisa completamente nova. Na sinagoga e nas igrejas protestantes que tinha visitado, ia-se somente para o culto público. Aqui, ao contrário, chegava alguém no meio das ocupações de cada dia, e entrava na igreja vazia, como que para uma conversa familiar. Nunca mais pude esquecer esta cena".

Edith já estava pronta, porém não tinha ainda chegado o momento de seu grande passo; devia esperar que a Verdade se lhe revelasse. Esperou, estudando e meditando o Novo Testamento.

Durante as férias hospedou-se na casa de uns amigos, o casal Conrad-Martius, protestantes, em seu sítio de Bergzabern. O tempo passara agradavelmente entre o trabalho da colheita das frutas, durante o dia, e as divagações sobre outras esferas filosóficas (onde porém, por delicadeza, os Conrad-Martius nunca introduziam o assunto religioso), à noite. A seguir, quando seus anfitriões se ausentaram, ela ficou sozinha em casa, livre para dispor de uma bem equipada biblioteca.

Um livro qualquer. Um grande volume escolhido ao acaso: a vida de Santa Teresa d'Ávila, escrita por ela mesma. Passou a noite inteira na leitura do volume até a última página. Depois, às primeiras luzes da aurora exclamou: "Esta é a verdade!", chegando a uma conclusão. Edith tinha compreendido que a verdade era justamente aquele Deus de quem e para quem a santa tinha vivido.

De manhã, foi à cidade para comprar dois livros, um catecismo católico e um missal. Depois de um estudo assíduo foi, pela primeira vez, participar da missa. Nenhum particular do rito ficou-lhe obscuro. Acabada a missa, havia já tomado a grande decisão. Apresentou-se ao pároco e pediu o Batismo.

"Há quanto tempo estuda a doutrina católica e quem a instruiu?", perguntou-lhe o padre, um tanto admirado. Edith não soube responder. Disse somente "Por favor, padre, pode inquirir-me".

Seguiu-se um demorado diálogo no qual foram abordados todos os pontos da Teologia e da fé católica. No fim da conversa, o pároco nada pôde fazer senão atender ao pedido. No primeiro dia do ano de 1922, depois de uma noite inteira passada em oração, Edith recebe o Batismo, tendo por madrinha a senhora Conrad-Martius. Nessa ocasião, mudou seu nome para Teresa, em reconhecimento à Santa de Ávila que dera a resposta às perguntas às quais nenhum mestre e nenhum livro de Filosofia soubera responder.

Aliás, a razão humana não pode ir além de certos limites. É então que deve desaparecer para deixar lugar para Deus.

A conversão teria, então, ocasionado a ruptura entre Edith e Israel? Muito pelo contrário! A fé cristã dera-lhe abertura para descobrir a nobreza da estirpe judaica à qual pertencia e para compreender melhor a mensagem religiosa de

Israel. Contudo, levara-a também a transcendê-la e a completá-la na mensagem universal de Jesus Cristo, filho de Davi. Uma superação, portanto, dos profetas bíblicos para chegar a participar, aceitando Cristo, da realidade que eles tinham anunciado.

E sua mãe? Edith sabia que sua felicidade corresponderia ao maior sofrimento para o coração da velha senhora. No entanto, descartou a vileza de se esconder por detrás das frases, mesmo se meditadas e sofridas, de uma carta. Corajosamente (porque esperava para si a mais áspera reprovação ou até mesmo o repúdio), apresentou-se diante dela e, de joelhos, lhe disse: "Mãe, sou católica".

A mulher forte, que na escola dos antigos patriarcas suportara as mais duras adversidades da vida, pela primeira vez, diante da filha, chorou! As duas mulheres, mesmo que no seu íntimo conservassem intatos o amor e a estima que as unia, estavam então espiritualmente separadas.

Esta foi a vontade do Altíssimo. E seus desígnios são insondáveis!

No Carmelo

Certa tarde daquele ano de 1933, depois de uma reunião da Federação dos Acadêmicos Católicos, Edith estava voltando ao Marianum, onde estava hospedada há mais ou menos um ano. Contudo, na hora de abrir o portão, teve a desagradável surpresa de não encontrar a chave. Procurou-a na bolsa, na pasta... Nada! "Será que a perdi? Ou será que a deixei na fechadura, do lado de dentro?", perguntava-se. Enquanto isso, continuava a procurá-la em todo lugar. Mas a chave não aparecia.

Tentou, então, tocar a campainha e bater palmas, mas sem esperança, porque as Irmãs moravam na parte oposta do edifício, e as moças, cujos quartos davam para a rua, já tinham partido para as férias pascais. O que fazer?

Estava já perdendo toda a esperança, quando, na rua deserta, delineou-se uma sombra. Era a de um passante que, finalmente, parou e perguntou com gentileza: "Posso ser-lhe útil em alguma coisa?".

Logo que Edith se voltou, ele se inclinou profundamente: "Senhorita Stein, somente agora a reconheci!".

Também Edith o reconheceu. Era um professor católico, que fazia parte de um grupo de trabalho no Instituto. Sentiu um grande alívio. O professor poderia ajudá-la. De fato, aproximando-se da esposa que tinha chegado pouco antes em companhia de uma outra senhora, depois de trocar com ela algumas palavras, voltou com a proposta: "Minha mulher a convida, de todo coração, para pernoitar em nossa casa". Foi um fato sem nenhuma importância. Pode acontecer a qualquer um esquecer a chave e ter de dormir na casa de conhecidos circunstanciais.

Naquela noite, porém, aconteceu algo de novo para Edith.

O professor, que estava lendo alguns jornais americanos, enquanto sua mulher preparava a cama para a sua hóspede, começou a contar algumas atrocidades cometidas pelos seguidores de Hitler contra os judeus. Coisas terríveis! Até que ponto seriam verdadeiras ou aumentadas pela propaganda? Isto não evitou que a impressão despertada em Edith por essas narrações, mesmo que em seu íntimo se recusasse a acreditar totalmente nelas, fosse grande, tanto mais que o antissemitismo reinante já manifestara sua presença e seus fins. Os assaltos às casas de comércio dos judeus, os cartazes denegridores e os insultos de toda espécie estavam já na ordem do dia.

Evidentemente, o amigo ignorava a origem judaica de sua jovem hóspede. Senão, não teria falado. Embora em outras ocasiões ela, que não tinha nenhum motivo para esconder sua origem, estivesse disposta a se revelar, neste caso, ao contrário, calou-se para não deixar descobrir a perturbação que a estava agitando! Isto lhe teria parecido uma violação do direito de hospitalidade, porque seu anfitrião poderia ficar constrangido.

"Deus" pensou, inclinando a cabeça, "deixa cair de novo a mão sobre seu povo; e o destino desse povo é também o meu."

Pois bem, ela, que até então tinha somente esperado e rezado, decidiu que, por estar ligada ao destino de seu povo, deveria fazer por ele muito mais do que fizera até então.

Sua Páscoa

Por motivos de estudo e de trabalho, Edith tivera ocasião de mudar-se várias vezes, de uma cidade para outra da Europa Ocidental. Morou mais ou menos tempo em localidades diversas e, por isso, conhecia universidades e mosteiros, lugares de reuniões e de estudo, casas de professores, de estudantes, de amigos.

Mas, entre todos, o lugar mais querido para ela, depois da casa de sua mãe, era a abadia beneditina de Bauron, onde, desde 1928, encontrou, no arquiabade Dom Rafael Walzer, o seu diretor espiritual e sob sua orientação fez os votos privados.

Àquela abadia, que considerava sua "pátria claustral", ela se retirava de vez em quando para buscar luz e vigor durante sua vida de educadora, de estudiosa, de oradora. As estudantes e as religiosas do Marianum, cuja curiosidade em torno do "mistério" da jovem professora crescia cada vez mais, perguntavam-se frequentemente porque ela não tinha escolhido consagrar-se a uma vida totalmente religiosa. Algum motivo havia.

O sonho de Edith, desde aquele longínquo dia da conversão, era exatamente o de entrar para o silêncio do Carmelo, a exemplo de Santa Teresa. Contudo, seu diretor espiritual, seguido depois por muitos outros, lhe aconselhara o contrário, quer para não causar um dissabor muito grande a sua mãe, depois do golpe que lhe fora dado com o Batismo (sobre isso estava de acordo também ela), quer porque ela não teria podido abandonar o seu apostolado leigo, no mundo da Ciência e da Pedagogia. Mas... e agora?... Agora que estava proibida de ensinar?

Naquela noite, depois das revelações do professor em Münster, Edith pensou logo em ir até Bauron não somente para passar o retiro da Semana Santa, como costumava fazer, mas, sobretudo, para aconselhar-se com Dom Rafael.

Tinha já pensado em escrever ao Papa para pedir-lhe uma encíclica que pusesse em foco na questão dos judeus (coisa que, depois, realmente faria). Contudo, não queria dar um passo por sua iniciativa, sem primeiro submeter ao Pai os seus projetos.

Sabia muito bem que isso não era "essencial". No entanto, ignorava ainda em que consistia aquele "essencial". Sabia apenas que devia intervir pessoalmente.

Em todo o caso, no momento, precisava pensar em comemorar dignamente a Paixão de nosso Senhor que, naquele Ano Santo, exatamente 1933, em que se celebrava o jubileu da Redenção, exigia uma dedicação particular.

Quando percebeu que dificilmente poderia encontrar Dom Rafael em Bauron, uma vez que ele viajara para o Japão, naquela quinta-feira, chegando a Colônia, em vez de prosseguir até a abadia, foi se informar sobre o lugar onde poderia participar, no dia seguinte, de uma Hora Santa. Assim, ficou em Colônia na casa de uma catecúmena que precisava dela.

Chegou o dia da Paixão do Senhor. Edith, devotamente ajoelhada na capela do Carmelo, rezava por seu povo e ouvia a pregação do vigário da catedral.

Sobre aquela hora decisiva para ela, escreverá mais tarde: "... o vigário falava muito bem, mas meu espírito estava ocupado com alguma coisa mais íntima do que suas palavras. Voltei-me para o Redentor e lhe disse que sabia bem como tinha sido sua cruz, que, naquele momento, era colocada sobre os ombros do povo judeu. A maioria desse seu povo não conseguia compreender isso, mas os que tinham a graça de compreendê-lo, deveriam aceitá-la em plenitude em nome de todos. Sentia-me pronta e pedia somente a Deus que me fizesse ver como deveria fazê-lo. Terminada a Hora Santa, tive a íntima certeza de ter sido ouvida, se bem que não soubesse ainda em que consistia aquela cruz que me era imposta".

Dom Rafael não queria nem mesmo admitir a possibilidade de Edith ser definitivamente afastada do magistério. Ela, porém, não alimentava ilusões. Previa que também nos institutos católicos, como o Marianum, não seria tolerada uma influência contrária às então atuais correntes políticas.

Suas previsões mostraram-se exatas. "Se não posso continuar aqui, não existe mais possibilidades para mim em toda a Alemanha." Sentiu como que certo alívio ao pensar que também ela tinha sido atingida pela sorte comum.

O que deveria fazer? Os obstáculos que até então a tinham conservado afastada do Carmelo estavam ruindo. Tinha chegado sua hora.

E a mãe? Edith estava certa de que, restando para ela somente dois caminhos – entrar para o Carmelo ou aceitar o convite de uma universidade sul-americana – sua mãe ficaria mais contente em saber que a filha estava mais segura num mosteiro da Alemanha do que do outro lado do Oceano. Foi assim que pediu para ser aceita na Ordem do Carmelo.

Chamada ao parlatório e interrogada, teve de tomar consciência de sua vocação. Respondeu com segurança que, mesmo que tivesse ensinado por bem, durante oito anos num instituto dirigido por Irmãs Dominicanas, nunca tinha pensado em entrar para a Ordem de São Domingos. Tampouco tinha pensado em ser beneditina, mesmo que a Abadia de Bauron fosse para ela a antecâmara do paraíso.

"Sempre suspirei pelo Carmelo" disse, "porque sempre tive a convicção de que Deus me preparara alguma coisa que somente ali poderia encontrar."

A resposta causou certa impressão na madre superiora e na mestra das noviças – Madre Teresa do Espírito Santo – que se tornaria, depois, sua superiora e sua biógrafa. Todavia, deixaram-lhe claro que no Carmelo ela não poderia, de forma alguma, continuar o trabalho científico.

Edith respondeu sem pestanejar: "Não é a atividade humana que nos pode salvar, mas somente a Paixão de Cristo. Participar dela, eis a minha aspiração". Esperou a decisão do padre Provincial e foi aceita.

Aguardaria até o dia 16 de julho, tempo suficiente para preparar todos os documentos necessários, no Marianum, onde continuaria seu trabalho filosófico. Ficaria, então, hospedada, por um mês, no Carmelo. A seguir, mais dois meses em casa para o último adeus, e finalmente, no dia 15 de outubro, festa de Santa Teresa, faria o seu ingresso na clausura.

Em Breslávia

Certo dia, Edith escreveu para casa que iria receber, em Colônia, a visita de algumas Irmãs. Alegraram-se com ela como se fosse por um novo emprego. O doloroso momento, porém, em que deveria dizer a verdade, se aproximava sempre mais. Antes de partir para Breslávia, Edith foi pedir a bênção do arquiabade Dom Rafael, e também rezar, fervorosamente, na Igreja de São Matias, diante da relíquia da túnica sagrada que, naquele Ano Jubilar, depois de trinta anos, estava sendo exposta ao público. Sabia que deveria enfrentar uma prova muito dura, e precisava de toda a ajuda celeste.

Ei-la em Breslávia. Sua mãe estava passando por um período de grande depressão, por causa da situação econômica (ela ainda administrava a loja durante todo o dia) e da situação política, que tornavam sempre mais difícil a vida dos judeus. Perturbava-a, sobretudo, o pensamento de a filha Erna com o marido e os dois filhos terem sido obrigados a transferir-se para uma outra região da cidade. Todavia, com a volta de Edith, voltaram também a florescer seu bom humor e seu dinamismo.

Quantas horas passaram juntas, mãe e filha, naquele breve parêntese de suas vidas, o último no qual uma podia gozar da companhia da outra!

Edith apenas começara a escrever uma longa história, *História de uma família hebraica*, sua autobiografia, inserida na vida de toda a família. Queria prestar uma homenagem ao seu povo e sobretudo à sua mãe.

Assim, não se cansava de pedir que lhe contassem tudo. A velha senhora gostava de evocar antigas lembranças, mas a filha, embora procurando esconder seu estado de ânimo, sentia que um espinho agudo lhe penetrava sempre mais no coração. "Se pelo menos soubesse..."

Nos dias seguintes, ajudou Erna na mudança e lhe confiou tudo. Erna ficou pálida. "Que coisa terrível!", exclamou. E seus olhos se encheram de lágrimas. Mais tarde Erna comunicou-lhe, também em nome de seu marido, que se a perda do magistério fosse para a irmã um problema, poderiam pensar no seu sustento. Sabia, porém, que sua proposta não seria aceita.

Chegou o primeiro domingo de setembro. A mãe estava sentada junto à janela. Ouvia-se um pouco o tique-taque das agulhas da lã. E veio a pergunta esperada há muito tempo: "O que você tem a intenção de fazer com as Irmãs de Colônia?".

A resposta foi breve e decidida: "Ficar com elas". Seguiram-se momentos de angústia para ambas. As mãos da mãe tremiam. Em vão ela tentava compreender. Edith procurou ajudá-la e, no entanto, falava... falava... com muita ternura, mas também com muita decisão.

A mãe queria dissuadi-la... De qualquer forma, a serenidade tinha desaparecido daquela casa.

Toda a família, inclusive a irmã Elza, que naquele ínterim tinha chegado a Hamburgo, ficou sabendo da decisão de Edith. Os irmãos e cunhados também. Ninguém tentou dissuadi-la, porque conheciam a firmeza de seu caráter e sua coerência. Somente a sobrinha Érica, a judia mais rigorosa de toda a família, quis tentar dissuadi-la, mas em vão.

Para os cunhados, o passo de Edith, justamente naquele momento em que o povo judeu era muito perseguido, pareceu uma traição. Eles, porém, não podiam compreender, como também seus coetâneos não tinham compreendido, o mistério da paixão e morte de Jesus.

Somente uma menina, Susel, a sobrinha de 12 anos à qual Edith falou como a uma adulta em resposta à sua pergunta "Por que você faz isso agora?", compreendeu a decisão da tia. Prometeu que se encarregaria de consolar a avó, com todo o seu carinho.

A 12 de outubro, dia de seu aniversário, Edith acompanhou a mãe à sinagoga, porque queria estar junto dela o dia todo. Para dar-lhe um pouco de satisfação, fez com que acreditasse que o primeiro período da vida religiosa seria apenas um período de prova. Mas não teve resultado.

"Se você vai fazer uma prova", disse-lhe a mãe, "estou certa de que irá superá-la."

Na volta, a senhora de 84 anos quis ir a pé, apesar da longa caminhada. Foi apenas um pretexto, pois queria falar ainda um pouco a sós com a filha.

"Não foi bonita a pregação?" perguntou. "Também na fé judia se pode ser religiosa, não lhe parece?"

"Certamente", respondeu Edith, "quando ainda não se conheceu outra coisa."

"E você, por que quis conhecer o outro?", acrescentou a mãe com acento desolado. Depois, parando e apontando para a terra a bengala sobre a qual se apoiava: "Não quero dizer nada contra ele. Deve ter sido certamente um homem muito bom. Mas por que quis passar por Deus?".

À tardinha, muitos amigos e todos os parentes foram despedir-se de Edith. Foi muito bom. O momento mais duro foi quando, à noite, mãe e filha se encontraram sozinhas. Os amigos já tinham ido embora e as outras filhas estavam fazendo as camas.

A mãe, com os olhos escondidos entre as mãos, começou a chorar.

De pé atrás da cadeira da mãe, Edith apertava contra si a cabeça de cabelos grisalhos de sua genitora.

Ficaram muito tempo assim, até que Edith, com doçura, convenceu-a a se recolher. Pela primeira vez em sua vida, a mãe deixou que a filha a ajudasse a se vestir. Nenhuma das duas conseguiu dormir naquela noite. Na manhã seguinte, no momento do adeus, a mãe apertou-a longamente entre os braços e a beijou com todo o carinho. Depois Edith fez sinal a Erna que tomasse seu lugar. Esta, muito afetuosa com a mãe, conseguiria acalmá-la.

Na ponta dos pés, Edith foi apanhar o casaco, o chapéu e a mala. A despedida de Érica foi um solene: "Deus a acompanhe!". Mas a sobrinha não apareceu na janela, como costumava fazer, para saudá-la com a mão.

Quando Edith saiu de casa, não havia ninguém na janela. Rosa e Elza acompanharam-na à estação, mas enquanto a primeira estava calma e serena, a outra, em sua dor, parecia transfigurada.

Quando o trem se movimentou e não pôde mais ver as irmãs que acenavam de longe, Edith sentou-se. Tinha vencido uma grande prova. E sua alma gozava da "mais perfeita paz".

Dessa forma, depois de haver renunciado à sua atividade de filósofa e de oradora, que lhe tinham proporcionado tantos sucessos e tantas honras, agora renunciava também à família. Tinha dado tudo de si mesma. Esvaziara seu coração para deixá-lo todo disponível para Jesus. Estava pronta a expiar com ele a culpa de seu povo, que não o havia reconhecido. No dia seguinte, "em profunda paz", entrou na casa do Senhor.

Irmã Teresa Benedita da Cruz

Uma cela simples de nove metros quadrados, com uma janela aberta para o jardim; um colchão de palha sobre tábuas e coberto por um cobertor marrom; uma mesinha, com uma cestinha e o necessário para costurar, e um banquinho; uma cruz nua, pendurada na parede rebocada de branco. Foi este o ambiente em que Edith viveu, primeiro como postulante, depois como noviça e finalmente como professa.

Despojar-se de tudo é a regra do Carmelo. Despojar-se também da própria natureza.

Essa regra Edith aceitava com alegria. E essa alegria iluminava-lhe o olhar quando cantava as laudes no coro, quando se encontrava no recreio com noviças, que tinham até vinte anos menos que ela, ou quando os trabalhos mais humildes não lhe saíam de todo mal, até mesmo os que nunca tinha feito em sua vida, como a costura, os afazeres domésticos ou a cozinha.

Sua única preocupação, se é que existia, era acostumar-se à nova vida, em plena humildade e com espírito de obediência, sem deixar transparecer sua superioridade intelectual e sua extraordinária cultura entre as 21 Irmãs, muitas das quais não tinham sequer a mais pálida ideia da fama de que ela gozava no mundo.

Até que ponto deveria lutar para superar as não indiferentes dificuldades? Impossível penetrar no segredo de uma alma! É certo, porém, que sua simplicidade, sua desenvoltura, seu espírito e até seu senso inato de humor, que a levava a sorrir de si mesma em primeiro lugar, conseguiam esconder perfeitamente suas lutas interiores.

Chegou para Edith a esplêndida e sugestiva festa da vestidura, no dia 21 de abril de 1934. Uma festa à qual, dada a notoriedade, a estima e o afeto de que gozava a festejada, estiveram presentes os mais ilustres personagens do mundo intelectual e eclesiástico, juntamente com seus companheiros de estudo e de trabalho, as alunas de Freiburg, Espira e Münster, e também jornalistas. Faltaram somente os seus parentes.

Naquele dia, depois da primeira fase da cerimônia, em que tirou seu vestido branco nupcial (um precioso presente de sua irmã Rosa), o véu e a coroa de murta, Edith vestiu o hábito austero de lã rústica, os véus monásticos, as grossas sandálias de cânhamo, a capa branca e tornou-se a noviça Irmã Teresa Benedita da Cruz. Numa intensa preparação espiritual, passou também o ano de noviciado. No domingo de Páscoa fez os santos votos, uma cerimônia que, de acordo com a regra, realizou-se no interior do claustro, sem convidados, como uma festa de família.

A respeito de seu estado de alma, uma senhora, que fora visitá-la alguns dias depois, escreveu: "Vão ficar sempre impressos em mim sua expressão radiante e seu aspecto juvenil. Deve ter recebido graças bem grandes!". Mas, quando, no decorrer da conversa, a senhora lhe tinha feito observar que, entre outras coisas, no Carmelo estaria mais segura, Irmã Benedita, apertando fortemente com uma mão o espaldar da cadeira na qual estava sentada atrás das grades, respondeu: "Oh, não, não acredito! Certamente virão buscar-me". Depois, mais serena, acrescentou: "De qualquer maneira, não posso esperar que me deixem em paz".

Ela sabia que, no Carmelo, lhe "tinha sido preparada alguma coisa que somente ali teria podido encontrar". A pobreza absoluta, o silêncio, a alegria de pertencer toda a Deus. E não somente isto. Antes, tudo isto, sim, mas para poder abraçar a cruz.

Todo o caminho espiritual que Irmã Benedita estava percorrendo conduzia-a justamente àquela meta.

Seu guia para a preparação à profissão dos votos naquele ano tinha sido uma obra muito significativa: *A ciência da cruz*, do místico doutor carmelita, São João da Cruz.

Sua mãe

Trancada a porta da clausura, Irmã Benedita disse adeus ao mundo. Todavia, não tinha esquecido ninguém, nem ninguém a esquecera. Suas filhas espirituais (quantas catecúmenas tinha preparado, e entre elas quantas eram, como ela, convertidas!), todas as pessoas com quem tivera um relacionamento de estudos, de amizade, de espiritualidade no mundo intelectual e religioso..., lhe escreviam e ela respondia a todas.

Era lindo vê-la contar de si, do Carmelo, e dar o seu conforto e o seu conselho! Guardava sempre com carinho a lembrança de seus parentes, cuja situação se tornava cada vez mais difícil. Para eles, ter um comércio ou exercer uma profissão estava se tornando quase impossível. Os jovens eram excluídos das escolas... Falava-se de emigração para a América, também porque se delineava para alguns, se bem que ainda remotamente, o fantasma da deportação... previsão que, lamentavelmente, haveria de se verificar. A sombra daquela cruz, que se abatia sobre o povo de Israel, tornava-se sempre mais negra.

Em seu coração estava, antes de tudo, a mãe.

Irmã Teresa Benedita rezava muito por ela e convidava a rezar também as pessoas que vinham visitá-la ou aquelas para quem escrevia. Em muitas de suas cartas se leem exortações do gênero: "Reze por minha mãe para que Deus queira acolhê-la em sua Pátria celeste" ou "Recomendo-lhe muito que reze por minha mãe adorada...".

Por sua vez, a mãe silenciava.

No entanto, toda semana recebia regularmente uma longa carta da filha. Desde os tempos da universidade tinha sido para Edith um doce hábito escrever semanalmente para a mãe. Também entrando para o Carmelo não iria renunciar àquele regular contato epistolar.

Tinha exposto este seu desejo à Madre Superiora. E esta, devido à delicadeza da situação, concedera-lhe a permissão de conservar esse hábito. Assim, toda sexta-feira, pela manhã, Irmã Teresa do Espírito Santo escutava bater discretamente à porta de sua cela e recebia das mãos de Irmã Benedita a carta endereçada à senhora Augusta Stein. Nunca, porém, lhe tinha entregado uma carta de resposta! Finalmente, um dia... apareceu uma carta de Rosa. Nada de estranho, porque Rosa escrevia com certa frequência. Todavia, ela comunicava a Edith naquela carta que a velha senhora, numa bela manhã de outono, sem que as filhas soubessem, iria visitar o Carmelo que estava sendo construído às portas de Breslávia, uma nova comunidade para onde se esperava, um dia, poder se transferir Edith.

Que impressão tinha tido? Impossível saber. Todavia, naquela mesma tarde, quis acrescentar duas linhas de saudação no rodapé da carta de Rosa. Era a sua primeira saudação, depois do adeus da filha. Desde então, todas as cartas provenientes de Breslávia tinham, no rodapé, duas linhas da mãe. E Irmã Benedita não cessava de agradecer a Deus.

A senhora Stein morreu no dia 14 de setembro de 1936, no dia da festa da Exaltação da Cruz e justamente na hora em que Edith renovava os seus votos!

Nas cartas de pêsames, alguns falaram de conversão ao Catolicismo. Irmã Benedita, porém, opôs-se energicamente: "Quem inventou esse boato, não sei. Minha mãe conservou sua fé até o fim. Como aquela fé e aquela confiança no Senhor perseveraram desde sua primeira infância até os seus 87 anos de vida e foram a última chama que permaneceu viva nela durante a agonia, tenho confiança de que ela tenha-se tornado minha mais solícita protetora, para ajudar-me a chegar à meta".

A mãe tinha chegado. Agora seria a sua vez.

Perseguição

Passavam os meses.

Chegou o dia 21 de abril de 1938: uma vez mais, Irmã Benedita teve um grande dia, com a profissão perpétua e a tomada de hábito.

Substituíram-lhe o véu branco pelo preto, que simbolizava o total holocausto de si. Começava a fazer, plenamente, parte da comunidade.

No entanto, previam-se para a Alemanha tempos cada vez mais sombrios. Falava-se de um conflito iminente... Tornavam-se sempre mais frequentes e mais duras as represálias contra os judeus... Os princípios do nacional-socialismo tinham-se manifestado, abertamente, não apenas contra os judeus, mas também contra o Catolicismo. Entrementes, grandes cartazes convidavam os cidadãos, por ocasião das próximas eleições, a dar o seu voto a Hitler.

A paz do Carmelo tinha sido abalada. Irmã Benedita, quando se tratava de incentivar as suas Irmãs a abster-se em bloco, perdia sua mansidão e ardia de um zelo incomum. Para evitar represálias, enquanto se sabia que muitos conventos já tinham sido obrigados a fechar suas portas, as Irmãs decidiram ir votar, tanto mais que já se sabia que o resultado das eleições fora decidido antecipadamente, e seu voto, positivo ou negativo, não iria alterar, em nada, o resultado. Irmã Benedita não quis ir.

Na tarde daquele mesmo dia, apresentaram-se dois senhores pedindo-lhe que os acompanhasse em seu carro, mesmo que estivesse indisposta. Irmã Teresa Benedita teve a coragem de dizer, de cabeça erguida: "Pois bem, se esses senhores acham tão importante o meu 'não', posso dar-lhes esse prazer". E preparou-se para segui-los. Não quis, então, revelar sua ascendência, mas quando, na última eleição, precisou abster-se e deixar escrever do lado de seu nome "não ariana" começou a temer, não por si, mas por suas Irmãs.

Hitler foi o vencedor. A paz do Carmelo foi perturbada por notícias sempre mais terríveis: incêndios de sinagogas, saques cometidos contra casas e negócios dos judeus, deportações...

"Esta é a sombra da cruz que caiu sobre o meu povo" – escreveu com sinais de profunda dor Irmã Benedita. "Se pudesse arrepender-se! Sim, cumpre-se a maldição que meu povo invocara sobre si..."

Sua permanência no Carmelo constituía, então, um perigo para as Irmãs. E isso a angustiava profundamente. Por isso, mesmo que o passo devesse ser doloroso, para ela e para todos, a transferência tornava-se necessária.

Assim, muito secretamente, preparou-se para a expatriação e, no momento da despedida, quando uma das Irmãs lhe agradecia, em nome de todas, pelos bons exemplos recebidos dela, respondeu com grande modéstia: "Como pode falar assim? Eu é que devo agradecer ao Senhor por ter podido morar no meio de vocês!".

Um médico amigo da comunidade levou-a em seu carro, à noite, para além das fronteiras. Irmã Benedita entrou, assim, para o Carmelo de Echt, na Holanda. Era o dia 31 de dezembro de 1938.

De Echt, em 25 de março de 1939, no domingo da Paixão, ela escreverá à sua Superiora: "Peço-lhe humildemente a permissão para poder oferecer-me como vítima de expiação pela verdadeira paz, a fim de que desmorone o caminho do anticristo, possivelmente sem uma nova guerra mundial... Sei que sou nada, mas Jesus assim o quer".

Ainda em 9 de junho do mesmo ano, escreveu: "Desde já, aceito a morte que, em submissão à sua vontade, o bom Deus reservou para mim. Que ele se digne acolher minha vida e minha morte... em expiação pela incredulidade do povo de Israel, pela salvação da Alemanha e do mundo". Sentia que sua hora estava para chegar.

A caminho do calvário

Mesmo dominando seis línguas, Irmã Benedita empenhou-se a fundo no estudo da língua holandesa. Não lhe foi difícil aprendê-la em muito pouco tempo. Nem foi difícil, devido ao seu temperamento amável, equilibrado, sempre disponível para qualquer necessidade, inserir-se logo no novo ambiente e conquistar simpatia e afeto.

Em Echt, apesar da amargura da situação, apesar da preocupação por seus parentes, estava-lhe reservada uma grande alegria. Sua irmã Rosa, que nunca tinha se juntado aos outros para reprová-la, há muito tempo tinha percebido que, lentamente, se envolvia também ela nas espirais da crise religiosa que, afinal, a tinha amadurecido para uma conversão. Precisou sofrer em silêncio, para não dar à mãe uma dupla dor. Somente depois que ela morreu, Rosa recebeu o Batismo. E quando a situação se tornara dramática, ao invés de seguir o irmão e Ema que partiam com suas famílias para a América, escolheu ficar com Edith. Depois de uma pequena permanência no Carmelo de Colônia, onde fora acolhida como hóspede externa, chegou ao Carmelo de Echt, sem nenhum de seus bens, que precisou abandonar, mas feliz por unir-se, na mais absoluta pobreza e em perfeita comunidade de espírito, à sua querida irmã. Foi acolhida como

terciária na hospedaria do Carmelo onde soube logo tornar-se útil à comunidade.

Uma grande alegria, portanto, para Irmã Benedita. No entanto, as nuvens negras que já se espalhavam por sobre a Alemanha, onde em setembro de 1939 havia estourado a guerra, vinham-se tornando densas sobre a Holanda.

Invasão dos nazistas, perseguição aos judeus

A letra do último manuscrito de Irmã Benedita – a tradução e o comentário da obra de São João *Scientia Crucis* – estava se tornando cada vez mais apressada e irregular, como se a autora estivesse com pressa de chegar ao fim, se bem que apresentar a teoria da cruz e o conceito da vida naquelas condições fosse uma empreitada realmente árdua mesmo para quem, como ela, tinha penetrado profundamente nos mistérios da Teologia e da Mística. Dedicava à sua obra qualquer momento livre do dia e grande parte da noite, sem nunca, todavia, descuidar de suas práticas de piedade (como, aliás, tinha sempre feito). Estava, porém sempre muito pronta a deixar a pena toda vez que o sino a chamava aos seus exercícios monásticos (e isto acontecia com frequência e, quem sabe, exatamente nos momentos da máxima concentração).

O perigo era iminente. O que fazer? Começaram os preparativos para a transferência para um mosteiro da Suíça. Primeiramente houve obstáculos, porque parecia não haver lugar para Rosa. Irmã Benedita não acreditava ser necessário separar-se da irmã. Depois, começou o exame dos documentos, e mais de uma vez Irmã Benedita e Rosa foram obrigadas a apresentar-se aos escritórios da Gestapo, em Amsterdã, onde Irmã Benedita era sempre recebida com hostilidade, porque se apresentava com um tranquilo "louvado seja Jesus Cristo" ou onde era asperamente interrogada, porque não tinha escrito no passaporte o "J" maiúsculo, sinal de pertença à raça judaica, ou então porque não tinha preposto, ao seu nome, o de "Sara", segundo as últimas prescrições impostas às mulheres judias.

Finalmente, quando tudo já estava quase pronto para a partida rumo ao mosteiro de La Paquier, na Suíça, aconteceu um fato novo. Era o dia 26 de julho de 1942. Em todas as igrejas católicas foi feita a leitura da carta pastoral dos bispos. Era um duro protesto às últimas perseguições alemãs contra os judeus. A reação chegou rapidíssima: prisão para todos os membros não arianos das comunidades religiosas.

Na tarde de 2 de agosto, às 17 horas, enquanto Irmã Teresa Benedita estava lendo para as Irmãs o tema da meditação, por duas vezes ouviu-se tocar o sino da roda. Isto significava que a madre superiora estava sendo chamada ao parlatório.

Dois oficiais perguntaram por Irmã Benedita e por sua irmã Rosa. Por um momento, a madre sentiu seu coração bater forte. Teria talvez chegado o momento de partir para a Suíça? Não, o tom de voz dos dois oficiais era extremamente duro. A madre pediu que Irmã Benedita descesse e convidou as Irmãs a rezar. O oficial ordenou:

— Damos-lhe cinco minutos de tempo. Venha conosco.

— Isto não é possível, porque estamos obrigadas a rigorosa clausura — respondeu, calma, a Irmã, ao que o oficial, indicando a grade, urrou:

— Arranque isto aqui, e saia.

E Irmã Benedita, sempre muito calma:

— É preciso que me ensine como arrancá-la.

— Chame a superiora!

A madre já estava ali. Compreendeu que se tratava da Gestapo. Tremia e rezava.

— É você a superiora?

— Sim.

— Irmã Stein deve deixar o mosteiro em cinco minutos.

— Mas é impossível!

— Então em dez minutos. Não temos tempo a perder. Pode trocar-se ou seguir-nos com o hábito religioso. Dê-lhe um cobertor, um copo, uma colher e víveres para três dias.

Em vão, angustiada, a superiora procurou suplicar-lhes:

— Se é preciso ceder à violência, vamos obedecer, em nome de Deus!

Seguiram-se momentos de intensa agitação, um vaivém provocado pelas Irmãs, preparativos apressados, despedidas comovidas. Enquanto isso, Rosa, que esperava a bênção da superiora, tinha sido retirada da hospedaria. Na rua, diante da porta do convento onde estava parado o carro policial que já levara outras vítimas, muita gente estava se reunindo. E quando as duas irmãs foram obrigadas a sair, elevaram-se altos gritos de protesto.

O carro pôs-se em movimento. Virou a esquina. Desapareceu.

Poucos dias de vida restaram a Irmã Benedita e a Rosa até a entrada na câmara de gás, o que se presume tenha acontecido entre os dias 8 ou 9 de agosto, no campo de Auschwitz. O doloroso evento foi reconstituído através de testemunhos colhidos mais tarde.

Irmã Benedita enviara uma carta à madre superiora, do campo de concentração de Westerbork, nestes termos: "... Estou contente com tudo. A *Scientia Crucis* pode-se conquistar somente quando sentimos a cruz pesar com todo o seu fardo. Disto estava convencida desde o primeiro momento, e disse de coração: *Ave crux, spes única* [Salve, cruz, única esperança]".

Um trem parou numa estação intermediária. Uma mulher vestida de preto estendeu uma mão e conseguiu entregar a alguém um bilhete escrito a lápis: "Para as irmãs de S. Liuba. Estou de viagem para a Polônia. Saudações de Irmã Teresa Benedita".

Uma jovem esposa escutou chamar-lhe pelo nome. A voz vinha de um trem parado, enquanto ela se encontrava passando por acaso na calçada. Atrás da grade de um vagão lacrado, entreviu e reconheceu sua ex-professora: "Mande lembranças às Irmãs de Santa Madalena. Diga-lhes que estou de viagem para o Oriente...".

E ainda as narrações de alguns sobreviventes que tiveram a ventura de encontrá-la durante as paradas de sua última viagem, uma grande calma, uma serenidade sobrenatural, um exemplo e um convite à resignação, à oração, ao perdão; um contínuo entregar-se na caridade e na assistência, sobretudo às crianças cujas mães, abatidas e desesperadas, não tinham força para cuidar delas.

Lavá-las, penteá-las, fazê-las sorrir... Edith parecia não ter feito outra coisa em toda a sua vida, e é por isso que hoje, na Alemanha, muitos orfanatos levam o seu nome. Uma grande coragem para suportar os empurrões, os maus-tratos, as injúrias, as violências a golpes de cassetete e, sempre, uma ternura particular para com Rosa.

Mas enquanto as irmãs de Echt e de Colônia estavam rezando por ela, na esperança de que pudesse voltar, Irmã Benedita já tinha comparecido diante do trono de Deus, ao qual oferecera o holocausto de si mesma.

Desde 1938 tinha escrito: "Tenho certeza de que Deus aceitará minha vida. Penso sempre na rainha Ester, que foi escolhida exatamente para interceder por seu povo diante do rei. Sou uma pequena Ester, pobre e impotente, mas o Rei que me escolheu é infinitamente grande e misericordioso. Esta é uma grande consolação".

Assim, Edith se apresentou ao seu Rei como uma nova Ester, mas regenerada pelo sacrifício expiatório de Cristo, com quem ela quis dividir o peso da cruz. A ele implorava piedade para o seu povo.

Sumário

Nova imagem de mulher 5
Uma mulher "presente" 13
O mistério de Edith 17
Filósofa e mística 21
Filha de Israel 27
Conquistada por Cristo 33
No Carmelo 41
Sua Páscoa 45
Em Breslávia 51
Irmã Teresa Benedita da Cruz 57
Sua mãe 61
Perseguição 65
A caminho do calvário 69
Invasão dos nazistas,
perseguição aos judeus 73

Rua Dona Inácia Uchoa, 62
04110-020 – São Paulo – SP (Brasil)
Tel.: (11) 2125-3500
http://www.paulinas.com.br – editora@paulinas.com.br
Telemarketing e SAC: 0800-7010081